NAVIDAD
COMPLICADA
LIBRO DE COLOREAR
COLORACIÓN FESTIVA PARA ADULTOS Y NIÑOS

ILUSTRADO POR
ANTONY BRIGGS

COLORACIÓN
COMPLICADA

ESTE LIBRO PERTENECE A:

....

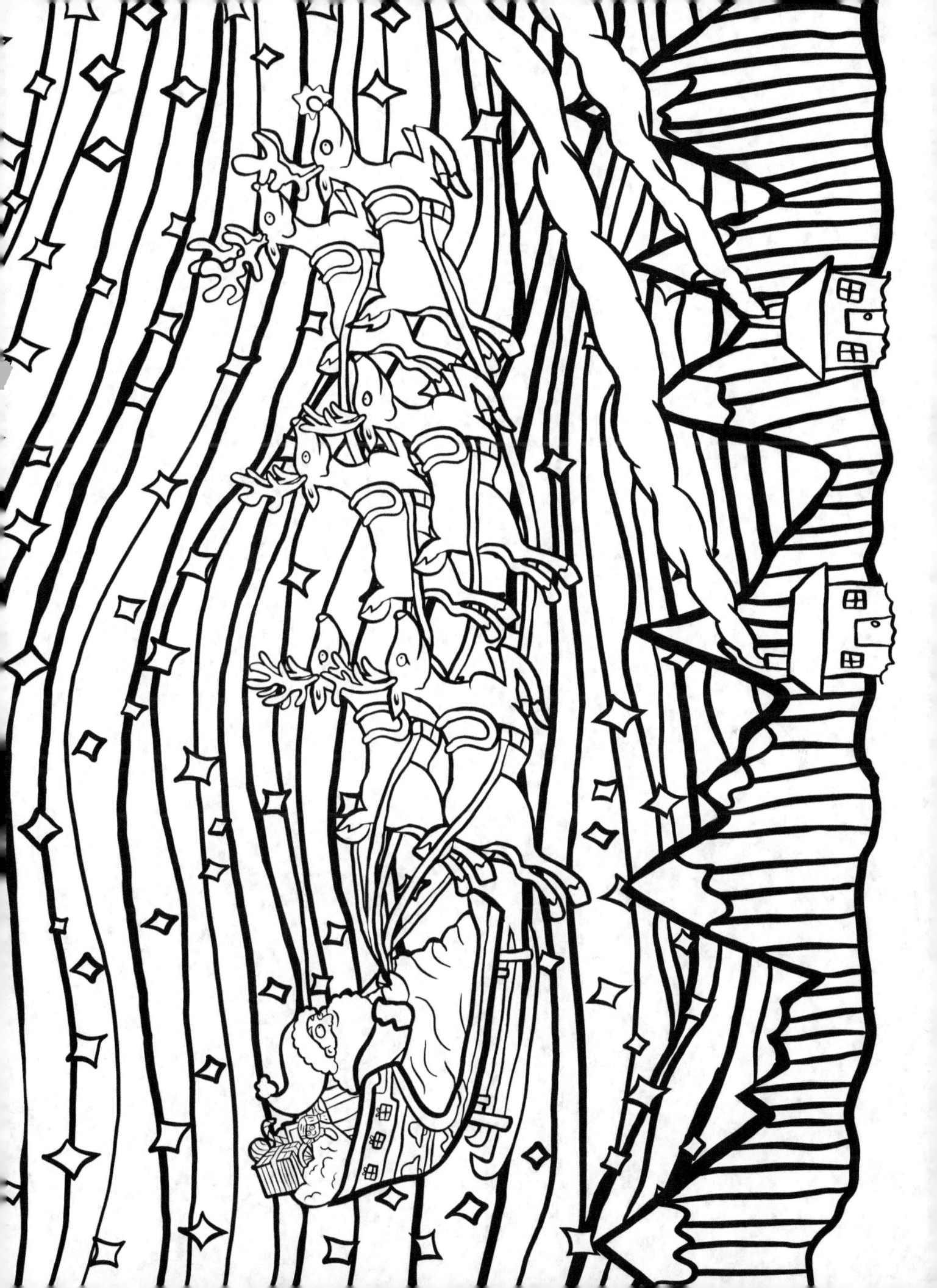

OTROS LIBROS EN LA SERIE: GATOS, PERROS, DRAGONES, CORAZONES, FLORES, ARAÑAS Y MÁS.

SOLO BUSQUE EN AMAZON "ANTONY BRIGGS" O "COLORACIÓN COMPLICADA".

PUEDE ENCONTRARNOS EN LÍNEA EN: WWW.COMPLICATEDCOLORING.COM

COMPARTA SU TRABAJO CON NOSOTROS MEDIANTE:

INSTAGRAM @COMPLICATEDCOLORING

SI HA DISFRUTADO ESTE LIBRO, POR FAVOR ESCRIBA UN ANÁLISIS CON SUS COMENTARIOS EN AMAZON.

¡GRACIAS!